L'ESCROQUERIE

EST-ELLE PUNISSABLE

MALGRÉ L'IMPRUDENCE DE LA DUPE ?

PAR

ALBERT LENOEL

JUGE SUPPLÉANT

(Extrait de la *Revue pratique de droit français*)

PARIS

A. MARESCQ AINÉ, LIBRAIRE-ÉDITEUR

20, RUE SOUFFLOT, 20

Au coin de la rue Victor-Cousin

1878

L'ESCROQUERIE

EST-ELLE PUNISSABLE

MALGRÉ L'IMPRUDENCE DE LA DUPE?

5233-73. — CORBEIL, typ. et stér. de CRÉTE.

L'ESCROQUERIE

EST - ELLE PUNISSABLE

MALGRÉ L'IMPRUDENCE DE LA DUPE ?

PAR

ALBERT LENOEL

JUGE SUPPLÉANT

(Extrait de la *Revue pratique de droit français*)

PARIS

A. MARESCQ AINÉ, LIBRAIRE-ÉDITEUR

20, RUE SOUFFLOT, 20

Au coin de la rue Victor-Cousin

—

1878

L'ESCROQUERIE EST-ELLE PUNISSABLE, MALGRÉ L'IMPRUDENCE DE LA DUPE?

Au mois de décembre 1877, dans l'auberge de la femme Laffargue, à Mont-de-Marsan, Jean Vinsonneau, pour payer une dépense de 70 centimes, donne à la servante Marie Lavigne une pièce de 2 centimes grossièrement nettoyée pour une pièce d'or de 20 francs. La servante, sans examiner la pièce, la remet à la fille Laffargue, et rapporte à Vinsonneau 19 fr. 30. Vinsonneau, prévenu d'escroquerie, est acquitté par les motifs suivants :

« Attendu qu'il résulte des débats que Marie Lavigne, âgée de vingt-deux ans, et Marguerite Laffargue, âgée de près de seize ans, fille de l'aubergiste, sont douées d'une intelligence peu commune, qu'elles savent très-bien lire et écrire;

« Que Marie Lavigne a reconnu qu'il n'y avait pas de monde dans l'auberge au moment où le prévenu lui a remis la pièce de 2 centimes; que son attention n'avait été distraite par aucune circonstance particulière, qu'elle n'avait pas regardé ladite pièce, bien qu'elle eût remarqué qu'elle pesait très-peu, et qu'elle eût attiré sur ce point l'attention de Marguerite Laffargue en la lui remettant; qu'elle a déclaré en outre que si elle avait regardé cette pièce, et si elle y avait apporté la moindre attention, elle aurait immédiatement reconnu que c'était une pièce de 2 centimes et non une pièce de 20 francs; qu'elle avoue avoir commis en ne la regardant pas une faute d'autant plus grave que la légèreté de la pièce avait éveillé son attention ;

« Attendu, en droit, qu'en règle générale, les manœuvres frauduleuses ne peuvent être considérées comme un élément d'escroquerie qu'autant qu'elles sont de nature à égarer la prévoyance de la personne lésée, en trompant les connaissances et la sagacité que comportent son intelligence et sa position ;

« Que, suivant les commentateurs les plus autorisés, la loi pénale ne doit pas protéger les citoyens contre leurs propres fautes, mais seulement contre les voies de fait et les fraudes auxquelles leur prévoyance n'a pu les soustraire ;

« Attendu que, si l'on considère l'intelligence peu ordinaire de Marie Lavigne, il est incontestable, ainsi qu'elle le reconnaît elle-même, que le moyen de fraude employé à son égard par le prévenu, lui remettant une pièce de 2 centimes ayant cours pour une pièce de 20 francs, alors que cette pièce n'avait ni l'épaisseur, ni le module, ni la couleur, ni même le brillant d'une pièce d'or ; qu'elle pesait trois fois moins et qu'elle portait en caractères très-lisibles la mention : deux centimes, n'était pas de nature à tromper sa prévoyance si elle avait seulement jeté les yeux sur ladite pièce ; qu'il n'aurait même pas pu déconcerter la prudence la plus ordinaire ;

« Que Marie Lavigne a donc commis en ne regardant pas cette pièce une grande imprudence qu'elle doit s'imputer ;

« Que cette imprudence a été la cause déterminante de la remise qu'elle a faite de la monnaie ;

« Par ces motifs, etc. »

Pour les gens de loi qui par profession ont le devoir de connaître et l'habitude d'appliquer les règles doctrinales adoptées par la jurisprudence en matière criminelle, cette décision n'a rien d'étrange. Elle repose sur des principes contestables, mais parfaitement connus, et dont l'application n'est pas surprenante. Mais elle est de nature à étonner profondément les gens du monde qui, étrangers au droit comme à la jurisprudence, ne s'inquiètent pas des précédents qu'ils ignorent, et jugent avec leur raison, d'après des notions générales d'équité naturelle. Un malfaiteur entreprend une escroquerie, l'exécute et la consomme. Rien n'y manque, ni l'intention ni le fait. Et cependant on acquitte. Pourquoi ? parce que la dupe n'a pas surveillé d'assez près ses intérêts, et qu'elle a eu le tort de se fier trop naïvement à la probité d'autrui. *A priori*, pour tout le monde, cela paraît contraire au sens commun, à l'équité ; aussi ce jugement fut-il signalé comme une curiosité judiciaire à l'étonnement du public par un journal très-répandu.

Sans doute, il ne faut qu'avec discernement opposer l'équité naturelle aux solutions de la doctrine ou de la jurisprudence ; parce que, après tout, ce n'est pas sur des principes mystérieusement étrangers au sens commun que repose le droit pénal interprété par les auteurs ou par les tribunaux, mais précisément sur des notions rationnelles de justice qu'il a pour objet de développer et d'approprier aux circonstances multiples qui peuvent se présenter dans la pratique. De là vient que, presque toujours, la solution doctrinale ou judiciaire d'une question de droit criminel est conforme à celle que fournirait à première vue le simple bon sens, sauf toutefois qu'elle est plus complète et plus pratique. Et cette concordance est une garantie de certitude, une sorte de vérification qui rassure le criminaliste en lui démontrant pour ainsi dire qu'il n'a pas fait fausse route.

Mais si, par aventure, dans un cas particulier, cette concordance ne se rencontre pas et qu'une décision judiciaire paraisse contraire à l'équité, il y a lieu de remonter aux principes, soit pour expliquer les causes raisonnables de l'apparente injustice, soit pour s'assurer que la décision suspecte ne repose pas sur quelque principe mal interprété.

C'est là précisément ce que nous voulons faire pour le jugement dont s'agit. Après une courte exposition des éléments constitutifs du délit d'escroquerie, nous essaierons de bien dégager le principe sur lequel ce jugement s'appuie, et de démontrer que le tribunal ne lui a pas donné sa véritable interprétation.

1. Le délit d'escroquerie est défini par l'article 405 du Code pénal, ainsi conçu :

« Quiconque, soit en faisant usage de faux noms ou de fausses qualités, soit en employant des manœuvres frauduleuses pour persuader l'existence de fausses entreprises, d'un pouvoir ou d'un crédit imaginaire, ou pour faire naître l'espérance ou la crainte d'un succès, d'un accident ou de tout autre événement chimérique, se sera fait remettre ou délivrer, ou aura tenté de se faire remettre ou délivrer des fonds, des meubles ou des obligations, dispositions, billets, promesses, quittances ou décharges et aura par un de ces moyens escroqué ou tenté d'escroquer la totalité ou partie de la fortune d'autrui, sera puni..... sauf les peines plus graves s'il y a crime de faux. »

De cet article, interprété par la jurisprudence, il résulte qu'il faut distinguer deux espèces d'escroquerie :

Celle qui se commet à l'aide d'un faux nom ou d'une fausse qualité pris, soit verbalement, soit même par écrit, à moins toutefois que le faux nom ne soit pris dans un acte de nature à produire une obligation ou destiné à constater les faits qu'il relate, auquel cas il y aurait crime de faux.

Elle est consommée par la remise des fonds, meubles, etc. entre les mains du délinquant, pourvu que l'usage du faux nom ou de la fausse qualité ait été pour la victime la cause déterminante de cette remise, mais sans qu'il faille rechercher si cet usage avait ou non pour objet de produire une des illusions énumérées par l'article 405, fausses entreprises, événements chimériques, etc.

Celle qui se commet à l'aide de manœuvres frauduleuses ; l'interprétation de ces mots est abandonnée aux tribunaux, mais ils supposent des actes ; de simples paroles mensongères ne suffiraient pas.

Elle est également consommée par la remise des fonds déterminée par l'emploi des manœuvres, mais il faut que ces manœuvres aient eu pour effet de produire une des illusions déterminées par l'article.

Si le législateur attache à l'usage, même verbal, d'un faux nom ou d'une fausse qualité, qui n'est qu'un mensonge, le même effet qu'à des manœuvres frauduleuses, qui supposent des actes, c'est que ce mensonge est particulièrement dangereux et peut faire plus d'impression que des machinations savamment organisées.

D'autre part, on ne prend un faux nom ou une fausse qualité que pour se donner de quelque manière un crédit qu'on n'aurait pas autrement, et c'est pourquoi la loi dispense le juge de rechercher en quelle espèce d'erreur le nom ou la qualité d'emprunt a pu faire tomber la victime du délit.

Telle est, sommairement exposée, l'interprétation consacrée par la jurisprudence de l'article 405.

Maintenant, pour le cas de manœuvres frauduleuses, non plus par interprétation de l'article 405, mais en vertu d'un principe supérieur de droit pénal, la jurisprudence a successivement appliqué deux théories très-distinctes, mais tendant l'une et l'autre à l'appréciation des manœuvres frauduleuses au point de vue de leur habileté plus ou moins grande, et à l'acquittement du prévenu si ces manœuvres sont trop grossières.

La première est ainsi formulée dans un arrêt de cassation du 13 mars 1806 dont la jurisprudence a survécu très-longtemps à la promulgation du Code de 1810 :

« Il ne peut y avoir lieu à l'application des peines de l'es-« croquerie qu'autant qu'il a été fait emploi de moyens de « nature à compromettre la prudence et la sagacité or-« dinaires. »

La seconde est très-nettement indiquée dans un *attendu* du jugement de Mont-de-Marsan emprunté presque textuellement à l'ouvrage de MM. Chauveau et Faustin Hélie :

« Les manœuvres frauduleuses ne peuvent être considé-« rées comme un élément d'escroquerie qu'autant qu'elles « sont de nature à égarer la prévoyance de la personne lé-« sée, en trompant les connaissances et la sagacité que « comportent son intelligence et sa position. »

2. De ces deux doctrines, la première, très-contestable, a toujours été combattue par les auteurs de la *Théorie du Code pénal* qui lui opposent un argument sans réplique, à notre a vis : c'est que la loi pénale doit protection aux ignorants aussi bien qu'aux habiles. Les premiers forment malheureusement sinon la majorité, du moins une minorité imposante dans le corps social.

Mais ce raisonnement ne s'appliquerait plus, si le juge, au lieu d'apprécier l'habileté des manœuvres d'après un criterium fixe, la prudence ordinaire, l'appréciait dans chaque espèce particulière d'après l'intelligence de la partie lésée. Alors, en effet, les prévenus ne pourraient plus bénéficier de l'ignorance ou de la naïveté qui leur auraient livré sans défense des dupes trop faciles, puisque les tribunaux tiendraient compte de cette ignorance et de cette naïveté. Ce qui pourrait faire disparaître le délit, ce ne serait jamais l'inintelligence de la dupe, mais ce pourrait être l'étourderie ou l'imprudence qu'elle aurait commise dans tel cas déterminé.

Ainsi l'argument qui réfute la thèse de l'arrêt de 1806 laisse intacte la question de savoir :

3. *S'il faut apprécier les manœuvres frauduleuses au point de vue de la prudence et de la sagacité particulières de la partie lésée.*

« Les manœuvres frauduleuses ne peuvent être consi-
« dérées comme un élément d'escroquerie qu'autant qu'elles
« sont de nature à égarer la prévoyance de la personne lésée
« en trompant les connaissances et la sagacité que compor-
« tent son intelligence et sa position. »

C'est dans la *Théorie du Code pénal* qui paraît l'avoir inau-
gurée que nous allons trouver le développement de cette
doctrine.

« La prévoyance des hommes dépend en grande partie de
« leur instruction, de leurs lumières, de leur expérience...
« Les faits constitutifs des manœuvres ne peuvent être ap-
« préciés que dans leurs rapports avec la sagacité et la pru-
« dence de la personne qui a été leur dupe ; leur caractère
« est subordonné aux qualités de l'esprit, à la position so-
« ciale, à la profession même de cette personne. Ce qu'il
« faut examiner, ce n'est pas si les faits étaient de nature à
« tromper la prudence ordinaire des hommes, puisque cette
« prudence a tant de degrés, et que ses précautions sont
« plus ou moins grandes, suivant la position de chacun
« d'eux ; il faut examiner si ces faits étaient capables d'égarer
« la prévoyance dont celui qui se plaint devait être doué, de
« tromper les connaissances et la sagacité que supposent son
« état, son éducation, sa position ; en un mot, il faut exa-
« miner si celui-ci a été téméraire ou imprévoyant, s'il a
« commis une faute en s'abandonnant trop facilement à de
« grossières illusions ; cette appréciation est donc toute re-
« lative ; elle ne peut avoir une base générale. Ramenée à
« ces termes, cette règle est conforme à l'esprit de la loi. La
« société doit protéger ses membres contre toutes les injus-
« tices et les déprédations dont ils ne peuvent se garantir ;
« elle doit leur prêter son appui contre les violences et les
« voies de fait, et contre les fraudes qui surprennent et en-
« chaînent leur volonté. Mais l'action de la loi pénale s'ar-
« rête aussitôt que la fraude cesse d'exercer une telle in-
« fluence. En effet, lorsque, d'une part, elle ne prend point
« un caractère assez grave pour produire une sorte de con-
« trainte morale, lorsque, d'une autre part, la personne qui
« en est l'objet est douée d'assez de prudence pour aper-
« cevoir le piége et l'éviter, lorsque c'est moins la fraude
« qui provoque sa détermination qu'un entraînement irré-

« fléchi, la loi ne doit point intervenir ; il suffit qu'elle aper-
« çoive les signes d'une volonté aveugle peut-être, mais
« libre, pour que son action soit enchaînée, et la volonté doit
« être réputée libre et spontanée, lorsque les ruses de
« l'agent ne sont point assez habilement tissues pour la maî-
« triser. Si donc un préjudice en est résulté, la partie lésée
« doit s'imputer son imprudence. La loi pénale ne doit
« point protéger les citoyens contre leurs propres fautes,
« mais seulement contre les voies de fait et les fraudes
« auxquelles leur prévoyance ne peut les soustraire. Elle
« serait d'ailleurs dans la plupart des cas impuissante à
« faire la part de la fraude et celle de l'imprudence qui l'a
« provoquée. »

On ne peut assurément rien dire de mieux pour justifier
la théorie énoncée au début de ce paragraphe. Cette justifi-
cation néanmoins ne nous paraît pas concluante.

Les manœuvres ont réussi quoiqu'elles ne fussent pas très-
habilement préparées. La remise des valeurs a été obtenue.
L'escroquerie est consommée. Seulement la victime a fait
preuve de légèreté ; elle n'a pas usé pour se défendre de la
prévoyance et de la sagacité que comportent son éducation
et son état. Elle a commis la faute de s'abandonner trop facilement à de grossières illusions, et c'est, dit-on, un entraînement irréfléchi plutôt que la fraude qui a provoqué sa détermination. Les manœuvres employées n'étaient pas assez
habiles, eu égard à l'intelligence de la dupe, pour exercer
sur elle une sorte de contrainte morale ; sa volonté est de-
meurée libre dans une certaine mesure ; de telle sorte qu'en
définitive il faut chercher le motif déterminant de la remise
des valeurs, non dans les manœuvres frauduleuses, mais
dans la volonté trop aveugle de la victime du délit.

Cette argumentation a le mérite de rattacher la doctrine
que nous critiquons à l'interprétation incontestable de l'article 405, d'après laquelle les manœuvres ne sont punissables
qu'à la condition d'avoir été le motif déterminant de la remise des valeurs. Seulement elle repose sur une équivoque.
C'est, dit-on, un entraînement irréfléchi plutôt que la fraude
qui a provoqué la détermination de la dupe ; mais cet entraînement, c'est l'emploi des moyens frauduleux qui l'a produit
et qui par suite a déterminé la remise des valeurs. L'impru-

dence de la dupe a favorisé ce résultat, mais c'est la fraude qui l'a obtenu.

L'habileté plus ou moins grande de l'agent, le degré d'intelligence de la partie lésée, son imprudence, autant de considérations qui nous paraissent étrangères à la question de savoir si, en fait, les manœuvres ont exercé une véritable contrainte morale ; question qui ne peut être résolue dans chaque affaire que par des preuves directes. S'il est établi que c'est bien par les manœuvres illusoires, ingénieuses ou maladroites, que la victime du délit s'est laissé séduire et entraîner, peu importe que cet entraînement ait été irréfléchi ; ce n'en est pas moins un entraînement, et dès lors il paraît contradictoire de prétendre que la dupe a conservé sa liberté, et injuste de lui reprocher, comme on semble le faire, de s'être, pour ainsi dire, entraînée elle-même. Car il faut aller jusque-là, jusqu'à soutenir, presque à la lettre, que la victime imprudente s'est dupée elle-même. On dirait, en langage familier : s'il s'est laissé tromper, c'est qu'il l'a bien voulu ; c'est qu'il l'a fait exprès. Mais cette locution n'est jamais qu'une exagération volontaire. Et pourtant c'est bien identiquement cette idée qui se retrouve au fond sous les formules si mesurées et si parfaitement correctes que nous avons citées tout à l'heure.

Il faut donc écarter l'idée d'une faute qui, considérée dans une certaine mesure comme cause déterminante de la remise des valeurs, motiverait l'acquittement du prévenu et priverait la partie lésée de la protection légale. Si c'est vraiment un principe que la loi pénale ne protége pas les dupes imprudentes, ce n'est pas du moins sur cette raison qu'il faut l'appuyer ; et dès lors nous n'apercevons pas sur quel fondement il repose, à moins de le considérer comme la formule restreinte, particulière à l'escroquerie, d'un principe général du droit criminel qui pourrait s'énoncer comme il suit :

4. La loi pénale ne protége les citoyens que dans la mesure où ils ne peuvent se défendre eux-mêmes. Est-ce vrai ?

L'examen de cette question se rattache directement à la théorie du droit de punir.

Sans entreprendre la critique des théories ingénieuses mais absolues, soutenues successivement par Beccaria, Mably,

Rousseau, Blakstone, Bentham, sans rechercher la part de vérité qui revient à chacun des systèmes qui donnent pour bases au droit de punir, tantôt le droit de légitime défense exercé par le corps social, tantôt la nécessité sociale d'intimider les malfaiteurs; contentons-nous de rappeler, pour en faire le point de départ de notre argumentation, la double condition à laquelle Rossi subordonne la légitimité de la peine : — 1° Il faut que l'acte à punir soit immoral, ce qui constitue la justice intrinsèque de la punition ; — 2° que la punition soit nécessaire à la conservation de l'ordre social. — Sans rechercher si c'est là toute la vérité sur le droit de punir, constatons que ces deux règles sont généralement admises, sauf quelques corrections sans intérêt pour nous, proposées par MM. Chauveau et Faustin Hélie.

Si donc la société réprime les attentats dirigés contre les personnes ou les propriétés, ce n'est pas dans l'intérêt de chaque particulier considéré isolément, et comme si, par une sorte de contrat tacite, elle avait pris envers lui l'engagement de le défendre dans la mesure du besoin qu'il peut avoir d'être défendu; c'est dans l'intérêt de sa propre conservation et parce que ces attentats sont dangereux pour tout le monde, c'est-à-dire pour le corps social. A ce point de vue social, est-il vrai qu'un délit cesse d'être dangereux et par conséquent punissable, dans le cas où la victime avec des précautions et de la prudence aurait pu s'en garantir?

Il va sans dire que pour un particulier l'entreprise criminelle dirigée contre lui est d'autant moins périlleuse qu'il peut plus facilement s'en garantir. Il est non moins vrai que pour la société les délits de telle ou telle classe sont plus ou moins dangereux selon qu'elle peut plus ou moins facilement soit en empêcher l'accomplissement par des mesures préventives, soit en restreindre le nombre par l'effet exemplaire des pénalités. C'est ainsi que le crime d'incendie est particulièrement dangereux, parce que la police administrative ne peut guère le prévenir et que la police judiciaire en recueille difficilement les preuves.

Mais faut-il encore dire que le danger social d'un délit disparaisse, parce que les particuliers, et non plus la société, pourraient aisément l'éviter ?

Une distinction est nécessaire : s'il existait certains délits de telle nature que tous les particuliers dans tous les cas, pussent aisément s'en garantir, alors, en effet, n'étant dangereux pour personne, ils ne menaceraient pas l'ordre social. Mais cette sorte de délits est imaginaire et c'est autrement qu'il faut poser la question. Le danger social d'un délit généralement périlleux et partant punissable disparaît-il, lorsqu'il a été commis dans certaines circonstances où la victime aurait pu s'en garantir, de telle sorte que, dans ces espèces, la peine cesse d'être nécessaire ? Non. Ce qui fait le danger social des délits d'une espèce quelconque, c'est, outre leur gravité, leur nombre, leur multiplicité plus ou moins grande. L'objet de la loi pénale est de diminuer cette multiplicité. Son moyen est l'effet exemplaire de la peine. Un délit, pris isolément, n'est pas dangereux par lui-même pour le corps social, seulement il peut augmenter par l'exemple le nombre des délits de même nature. Il peut être imité, reproduit, multiplié. De là vient la nécessité de la peine. Et ces considérations n'ont rien de commun avec la circonstance que la victime du délit aurait pu s'en garantir. Sans doute, si l'exemple du délit consommé contre une victime imprudente ne pouvait encourager les malfaiteurs qu'à tendre des piéges grossiers qu'on éviterait sans peine, on pourrait contester le danger social d'un tel délit, et la nécessité de le punir. Mais il n'en est pas ainsi ; l'exemple d'une fourberie grossière encouragera des imitateurs qui sauront la perfectionner, et qui pourront n'être ni moins nombreux ni moins habiles que ne le seraient les simples reproducteurs d'une ruse mieux ourdie. Entre une tromperie grossière et une fourberie raffinée, au point de vue de l'exemple contagieux que l'une ou l'autre pourra propager et du danger social qui en résultera, on ne saurait apercevoir aucune différence qui supprime pour la première la nécessité de la peine.

En somme, la loi pénale est faite pour protéger le corps social, c'est-à-dire tout le monde, et tout le monde pourrait souffrir de l'impunité assurée aux attentats commis contre ces hommes intelligents qui, mauvais gardiens de leur propre sécurité, ont le tort de se fier trop aisément à l'honnêteté d'autrui. La loi pénale protége les imprudents, non pour eux-mêmes, mais dans l'intérêt de tout le monde.

Le principe que nous combattons directement peut aussi

être attaqué dans ses conséquences, et cette contre-épreuve n'est pas sans intérêt. Remarquons d'abord que l'on ne voit pas de motifs pour en restreindre l'application aux délits qui se commettent par des manœuvres dolosives. Outre que cette restriction ne résulte d'aucun texte, puisque le principe lui-même n'est pas écrit dans la loi, elle ne paraît pas fondée en raison. Il est clair que bien souvent la victime d'un vol ou d'un meurtre aurait pu s'en préserver avec de la prudence. Il faudrait donc en bonne logique acquitter le voleur ou le meurtrier parce que la victime aurait manqué de fermer sa caisse, où se serait engagée sans précaution dans quelque forêt fréquentée par les bandits.

Aujourd'hui, le jugement de Mont-de-Marsan n'affronterait peut-être pas sans péril le contrôle de la Cour de cassation, car, dès la quatrième édition de leur savant ouvrage, MM. Chauveau et Faustin Hélie, tout en reproduisant la théorie que nous avons combattue, constatent qu'elle est abandonnée par la Cour suprême et en donnent les raisons.

Le juge saisi d'une prévention d'escroquerie n'a donc à vérifier que la relation de cause à effet entre les manœuvres spécifiées et la remise des valeurs, sans avoir à se préoccuper ni de l'habileté des moyens, ni de l'intelligence de la dupe.

ALBERT LENOEL,
Juge suppléant.

8233-78. — CORBEIL. TYP. ET STÉR. DE CRÉTÉ.

www.ingramcontent.com/pod-product-compliance
Lightning Source LLC
LaVergne TN
LVHW012200170726
843503LV00009B/4296